भावनाओं की गूंज

मन की संवेदनाओं का काव्य और ग़ज़ल–संग्रह

विनोद विकल

BookLeaf Publishing
India | USA | UK

Made with ❤ on the BookLeaf Publishing Platform
www.bookleafpub.in
www.bookleafpub.com

Dedication

मेरे आदरणीय पापा **श्री विनोद शर्मा** को-

जिनकी कलम से निकले ये शब्द
सिर्फ कविताएँ नहीं,
बल्कि जीवन के अनुभव और भावनाएँ हैं।

उनकी इसी अमूल्य धरोहर को आपकी बेटी **गरिमा भारद्वाज**,
ससम्मान पाठकों तक पहुँचाने का एक छोटा सा प्रयास।

Preface

शब्द जब दिल से निकलते हैं तो वे केवल पंक्तियाँ नहीं रहते,
वे भावनाओं का एक संसार बन जाते हैं।
इस पुस्तक में संकलित कविताएँ और ग़ज़लें मेरे पिताजी की उसी संवेदनशील और सृजनशील लेखनी का परिणाम हैं।

उनकी रचनाओं में जीवन की सच्चाइयाँ, रिश्तों की गर्माहट और समय के अनुभव सहज रूप से झलकते हैं।
इन रचनाओं को पाठकों तक पहुँचाने का यह प्रयास उनके शब्दों को एक नया जीवन देने जैसा है।

एक बेटी के रूप में मुझे हमेशा उनकी लेखनी पर गर्व रहा है।
इन्हीं अनमोल रचनाओं को पाठकों तक पहुँचाने का यह एक छोटा सा प्रयास है,
ताकि उनकी भावनाएँ और विचार अधिक से अधिक लोगों तक पहुँच सकें।

आशा है कि यह काव्य–संग्रह पाठकों के हृदय को अवश्य स्पर्श करेगा।

Acknowledgements

सबसे पहले मैं अपने पापा **श्री विनोद शर्मा** की उस अनमोल लेखनी को नमन करती हूँ, जिनकी कविताओं और ग़ज़लों ने इस काव्य-संग्रह को जन्म दिया।

मैं अपनी प्यारी मम्मा **श्रीमती शीला शर्मा जी** का दिल से धन्यवाद करती हूँ,जिनके स्नेह, आशीर्वाद और सहयोग ने हर कदम पर मुझे संबल दिया।

साथ ही, मैं अपने भाई **गौरव भारद्वाज** की भी आभारी हूँ, जिनके प्रोत्साहन और साथ ने इस कार्य को पूर्ण करने में महत्वपूर्ण भूमिका निभाई।

मैं अपने परिवार, मित्रों एवं शुभचिंतकों का भी धन्यवाद करती हूँ, जिन्होंने प्रत्यक्ष व अप्रत्यक्ष रूप से सहयोग दिया।

साथ ही मैं **BookLeaf Publishing** की पूरी टीम की आभारी हूँ, जिन्होंने इस पुस्तक के प्रकाशन की प्रक्रिया में मेरा मार्गदर्शन किया और इसे साकार करने में सहायता की।

अंत में, मैं अपने सभी पाठकों के प्रति कृतज्ञ हूँ,जो इस कृति को अपना समय और स्नेह देंगे।

– गरिमा भारद्वाज

1. अँधेरों का सच

दिन के उजाले में, ख़ुद को छुपा लेता हूँ।
साँझ के ढलते ही, हर दीप बुझा देता हूँ।
क्योंकि मेरा "मैं" कई बार मरा करता है,
इसलिए अँधेरे में कुछ कफ़न चुरा लेता हूँ।

— विनोद विकल

2. क्षणभंगुर संसार

आज तुझे किस बात पर, होता इतना गर्व है।
मिथ्या माया जाल तो, दृष्टि दोष का पर्व है।

इतराता तू सोचकर,
अहा, सब मेरा यहाँ।
झुक रहा हो आज जो,
कदमों तले सारा जहाँ।
क्या पता पगले समय कब बेरुखा हो जायेगा।
झाड़ तेरे दाम का, तत्क्षण झुकाया जायेगा।
मँडरा रहा साया दिखेगा,
मौत का पल-पल तुझे।
यहीं रहेगा स्वप्न सुनहरा,
बस उठा लेगा तुझे।

सो ध्यान न हो ब्रह्म में, वो उपलब्धियाँ व्यर्थ हैं।
जान, उसी में लीन होकर, जीवन का जो अर्थ है।

– विनोद विकल

3. वक़्त की सच्चाई

किसे कहे अपना, किसे कहे गैर।
चलता नहीं पता वक़्त के बग़ैर।

वक़्त तो वक़्त ही होता है मेरे दोस्त,
वक़्त को बदलते लगती नहीं देर।

आज आप 'आप' हैं, कल ना रहेंगे,
यह तो है अंधे के हाथ में बटेर।

हस्ती हमारी मिट जाएगी इक दिन,
रह जाएगा सामने बस राख का ढेर।

यह छोटी सी ज़िंदगी इबादत है तेरी,
क्यों किसी से जानकर बाँधता है बैर।

– विनोद विकल

4. इंसान की हालत

आदमी तो आज,ऐसी ज़िंदा लाश है,
स्वयं ही जिसे, कफ़न की तलाश है।

बुझाकर खुद ही रोशन चिराग,
ज़ुल्मतों में अब ढूँढ़ता प्रकाश है।

सदियों से यूँ ही मर-मर के जी रहा,
बदला हुआ सिर्फ जिस्म पर लिबास है।

हासिल जिसे ऐशो-आराम की दुनिया,
तब भी हर वक़्त ज़िंदगी उदास है।

खुशियाँ समेट कर सारे जहाँन की,
मिटती नहीं आरज़ू-ए-दिल की प्यास है।

हालात ए चश्मदीद दिलों की कहते 'विकल',
आज भी इस लाश को ना होश-हवास है।

– विनोद 'विकल'

5. सियासत की सरगोशियाँ

बज़्म-ए-शहर हुई आज ऐसी सरगोशियाँ,
बदनाम हो रही देखो मेरे देश की टोपियाँ।

अल सुबह रोज़ ही बदल रहे हैं दल,
इनकी चालें हो गईं शतरंज की गोटियाँ।

बिक गए ख़ुद भी, बेच दिया ज़मीर,
अब कर रहे अँधेरों में देश की फ़रोशियाँ।

सह रही रियाया सितम बेख़ौफ़ सी,
चेहरों पर लिए हुए मरघट सी ख़ामोशियाँ।

तुम्हारी आवारगी से दुखी नहीं हैं हम,
पर करते क्यों ज़मीं से एहसान फ़रामोशियाँ।

सोए हुए शेरों से दरख़्वास्त यह मेरी,
हो रही है हद अब, तोड़ दो बेहोशियाँ।

– विनोद विकल

6. राम जन्म भूमि

व्याल विकराल मार, कुंडली सी बार बार,
डस रहे राम के, रहीम के देश को।
उगलते गरल,छल,मन का मलीन मल,
मूल -मूल रोपते हैं, वैमनस्य द्वेष को ।
निगेहबान बेशरम, निंदित हो मातरम्,
तथापि क्यों संवारते, हैं नग्न परिवेश को ।

व्यर्थ कोहराम है,राम अविराम है,
पृष्ठों की पाश में,न फांसो अवधेश को।
स्वीकार्य जनादेश में, यह साजिशी संदेश है,
दूर कब-कैसे करें, मथुरेश को, महेश को।
शोलो को हवा न दो, स्वयं को सजा न दो,
तूल ना चढ़ाओ तुम, कपीश के आक्रोश को ।

धर्म रण में अन्यथा, जान जाएगी वृथा,
पीढ़ियों के कंधों पर क्यों ढो रहे अवशेष को।
रंजिशें मिटा के देख, साज़िशें दबा के देख,
पाएगा समीप सदा, तू मंगलैश को।

– विनोद विकल

7. अश्रु

कितना छोटा पथ है इनका,
जिस पर यह बहते हैं।
अल्प काल में फिर भी,
बहुत बताते जाते हैं।

जब उद्गम इनका दो स्रोतों से,
एक साथ हो जाता है,
खुशियों और ग़मों का,
लावा सा बह जाता है।

तुलना में यह बढ़कर उनसे,
जो मर्मज्ञ कहे जाते हैं।
मूक भले हों लेकिन गाथा,
दिल की ये गा जाते हैं।

– विनोद विकल

8. सरकारी आलपीन

भूलवश कल ऑफिस से,
आ गया ऑलपिन साथ में।
ज्यों ही खोले बटन शर्ट के,
तीक्ष्णता से चुभा हाथ में।

बोला—ऐ सरकारी नौकर,
कितनी है तेरी औकात।
जिनकी करता जी-हुजूरी,
उनकी ही तू खाता लात।

दिव्य दृष्टि से देख मुझे पर,
करता क्या-क्या करामात।
इस छीना-झपटी के युग में,
कई खा गए मुझसे मात।

हर पृष्ठ से जुड़ा हुआ मैं,
हर पृष्ठ मुझी से जुड़ा हुआ।
मुझसे ही तो नत्थी होकर,
अथाह रिकॉर्ड पड़ा हुआ।

दिल्ली की संसद से लेकर,
छोटी सी पंचायत तक,
डाक, दवा के खानो से,
जज साहब की अदालत तक।

स्कूल, कॉलेज, तहसीलों से,
थानेदार की हवालात तक।
ऊपर से नीचे तक लेकर,
चर्चित हूँ मैं कहाँ-कहाँ तक।

इतनी महामांग ने ही तो,
मेरे भाव बढ़ा दिए हैं।
इस छोटी सी उम्र में ही,
कितने दांव लगा दिए हैं।

कोई करे दुश्मनी मुझसे,
पल में सबक सिखा दूँ मैं।
उलट-फेर कर दूँ रिकॉर्ड तो,
सड़कों पर भीख मंगा दूँ मैं।

धन्य मानता हूँ खुद को,
कि मंत्री जी से लगा हुआ हूँ।
इक-दूजे से सभी दबे हैं,
तब ही तो मुँह लगा हुआ हूँ।

तुम ही सोचो जब हूँ इतना,
नहीं मैं इतराऊँ क्यों।

कोई भी हो मेरी बला से,
सम्मुख में कतराऊँ क्यों।
तू सुन नादान कर्मचारी,
अब ऐसी भूल न करना तू।
ज़रूरत हो यदि मेरी,
फ़िजूल तंग न करना तू।

वरना तारे दिखला दूँगा,
चाहे हो कितना भी दिन।
अब तू समझ गया होगा,
मैं हूँ "सरकारी आलपीन"।

– विनोद विकल

9. उल्टा ज़माना

जमाने का दौर देखो, हर चीज़ यहाँ उल्टी है।
कुदरत की लिखी, तक़दीर तलक पलटी है।

सहारे टूटते ही जाते , माझीयो के यार,
अब दरिया में कागज़ की नाव चलती है।

इंसानियत का बदनीयती, कर रही खात्मा,
देखो तो निगाहें भी आपस में जलती हैं।

करते ही जा रहे, गुनाह दर गुनाह,
पता क्या सिफ़ारिशें ऊपर भी चलती हैं।

इल्ज़ाम गर लगाएँ ,तो किसको 'विकल',
हर इंसान के दिल में तो नागिन पलती है।

– विनोद विकल

10. ऐतबार का अंजाम

सहे हैं ज़माने के वार हमने,
गवारा किए नागवार हमने।

आज तलक भी ना की वफ़ाई,
जिन पर भी किया ऐतबार हमने।

ख़ुदा के बंदों ने काट ली जेबें,
जिस दिन भी लिया पगार हमने।

अश्कों से भर आए चश्मे,
जब भी किया दीदार-ए-नूर हमने।

हक़ीक़त तो यह है मेरे यारो,
आज तलक ना पाया प्यार हमने।

– विनोद विकल

11. इंसानियत का पतन

नहीं छेड़ते शूलों को, फूलों को सब रौंदते हैं।
बिरले ही हैं नगीने, जो अंधेरों में कोंधते हैं।

लफ़्ज़ निकालो तो यूँ यारों, कहीं-कुछ तो असर हो,
वरना तो यूं रोज़ ही, कुत्ते भी भौंकते हैं।

जिंदा लाशें कर रही हैं, हरकतें ख़ौफ़ सी,
जिन तारीख़ रातों में, मुर्दे भी चौंकते हैं।

हालात-ए-जहाँ हो रहे कुछ इस तरह,
काँप जाए गिद्ध भी, इंसान ऐसा नोचते हैं।

— विनोद विकल

12. अमर दीप निशा

इस धरा के भाल पर,
व्योम व पाताल पर,
आज भी होंगे वही, रंग अपना डालकर।

अमावस्या के स्याह अंधेरे,
बदसूरत व गूँगे-बहरे,
उपग्रह-नक्षत्रों को घेरे,
आतुर होंगे गहराने को,
दीप्ति-पुंज निगल जाने को।

यूँ तो सब पहले सा होगा,
पर आज कदापि न ऐसा होगा।
अवलोक दिवाकर का अवसान,
होगा जाग्रत यामी-अभिमान,
पर किंचित घटी उपरांत,
पड़ जाएगा अस्तित्व म्लान।

अवनि के सुदृढ़ वक्ष पर,
कायनात के हर पक्ष पर,
चुभने लगेंगे मीठे नश्तर।

दीप-दीप और दीप-दीप की,
पंक्तियाँ रच जाएँगी,
ठीक नवेली दुल्हन-सी,
उस पल संध्या सज जाएँगी।

दीप-बातियाँ दमकेंगी ज्यों,
गोरचन-चंदन की बूँदें,
ब्रह्मांड निहारेगा सारा,
सकुचाया-सा आँखें मूँदे।

होले-होले मलयज झोंके,
बाँटेंगे बस प्यार,प्यार
तेरी सुंदरता में तब ,लग जाएँगे चाँद-चार।

इस भाँति पूर्ण हो जाएगा,
संध्या का सोलह श्रृंगार,
मुदित मन से विश्वंभर भी,
देंगे आशीश , बार - बार।

खुशियों का अंबार उठेगा,
घर-गलियारों, चौबारों पर,
हो जाएगी यह विभावरी,
तब सदा-सदा के लिए अमर।

यौवन की यह मचली-पगली,
कहलाएगी तभी दीपावली।

— विनोद विकल

13. एक ठोकर की सीख

वक़्त का घमंड सा,
भावनाओं से जूझता,
चला जा रहा था, निर्जन पथ पर।
खोया-खोया, भविष्य से बेखबर,
सजा रहा था–
भावनाओं का स्वप्निल महल।

अचानक–
पैर में ठोकर लगी।
दुख भरी आह से,
देखा मैंने चारों ओर,
शायद भटक गया था मैं,
पर कहाँ समय था अब,
जब कोई दर्शाता सही पथ मुझे।

हार कर, निःश्वास छोड़ा,
बैठ गया मैं उसी जगह पर।
अब जाना मैंने–
नीरस है जीवन बिना लक्ष्य के।

तब सोचा—काश!
यह ठोकर पहले ही लगी होती।

— विनोद विकल

14. मुखौटों का सच

तुम नहीं जानते शायद, कौन हूँ मैं?

मैंने डाल रखा है,
एक के बाद एक कई नकाबों का पर्दा,
तभी तो हर बार बदलकर,
देता हूँ तुमको दगा।

और सामने तुम्हारे, इनको भी दबाकर,
पहन लेता एक और मुखौटा हूँ ।
अपनी शरारत पर मन ही मन मुस्काता हूँ।
ऐसा, न जाने क्यों करता हूँ?

बहुरूपिया बनता हूँ,
कुछ भी हो–
फिलहाल तो इज्जत से जीता हूँ।

किन्तु सोचता हूँ, समय कभी तो आएगा,
पर्दा नकाबों का उठता नज़र आएगा।
तो क्या–
शोहरत धूमिल हो जाएगी?

यह इज्जत नीलाम हो जाएगी?

एकाएक इस विचार पर हँसी आती है,
आवाज़ तभी अंतःकरण से आती है–
मत चूक, कर ले जो जी चाहे,
बस लेता जा उनकी बद्दुआएँ।

घुन की मानिंद,जो पिस रहे हैं,
तेरी चालाकियो से रिस रहे हैं।
और यह जानकर भी मैं, बाज नहीं आता,
और सी कर अपने होठों को,
पहन लेता हूँ फिर से,उन्हीं मुखौटों को।

– विनोद विकल

15. विरह की अग्नि

कितना स्वर्णिम मिलन हमारा, कुछ तो ध्यान करो माधव।
क्यों पीड़ित करते अंतर मेरा, बोलो बल्लू के बांधव।

प्रथम लगाकर दिल से क्यों, अब इस प्रेयसी को छलते हो।
सामीप्य चाहती हूँ जितना, तुम उतनी दूर निकलते हो।

देख विरक्त सख्त तुम्हें, यह वहम पला मेरे मन में।
कहीं दरारें पड़ न जाएँ, प्रीत पल्लवित दामन में।

अपनी हठधर्मी के कारण, क्यों निराश करते नटवर।
प्रणय, विरह में दुख देकर, छलिया बनते हो मनहर।

मत जाओ मेरे सुख सोहन, विरह की आग जला के तुम।
इसकी उठती लपटों से, मैं बच न सकूँगी हे !.हमदम।

कभी मधुर जो लगती थी, वाणी नहीं सुहाती वो।
क्या मादकता मेरे यौवन की, रास नहीं आती तुमको।

लिप्साओं का गला घोंट, क्या स्वप्निल महल सजा सकते ?
एकाकी होकर मुझसे, तुम रास रचा तो नहीं सकते।

‘तिस पर भी निष्ठुर हो तुमने, किया प्रताड़ित गोप सखा।
लाल हुए इन मृग- नयनों से, होती अविरल अश्रु वर्षा।

तब जाने से पहले प्रियतम, यह अनुकंपा करते जाओ।
अपने कर-कमलों के द्वारा, दिल के टुकड़े करते जाओ।

दफना दूँगी दिल को अपने, कुछ न कहूँगी तुम से मैं।
चाहे घुट-घुट जी लूँगी, पर शिकवा न करूंगी तुम से मैं।

— विनोद विकल

16. तड़पता हुआ बादल

किसी की नज़रों का कायल हूँ मैं,
ना पूछो, इश्क़ में घायल हूँ मैं।

मत कुरेदो ज़ख्म-ए-दिल को,
बरस पड़ूँगा, वो बादल हूँ मैं।

भूल से हलक में उतार ना लेना,
प्याले में छलकता हलाहल हूँ मैं।

बचाना हुस्न को मेरी नज़र से,
पलकों से ठुकरा काजल हूँ मैं।

रोशनी भी कर गई है तौबा,
अंधेरों में तड़पता पागल हूँ मैं।

— विनोद विकल

17. जीवन की चक्की

छोटी सी दुकान में, अपने फटीचर हाल में,
तराजू के पलड़ों से जूझ रहा था।

डिब्बों से हाथापाई करते,
उनमें समाए दानों को,
दो पाटों में रौंद रहा था,
माहौल को भली-भाँति तोड़ते,
एक महाशय शरीर को मोड़ते,
ना जाने कहाँ से टपक पड़े।

एक बात पूछूँ!
और बिना समय गंवाए,
हौले से बरस पड़े।

बोले! आप चक्की के चालक हैं,
पेटों के पालक हैं,
इंजन की खटाखट से,
डिब्बों की उठापटक से,
आपको बोरियत नहीं होती?
आपकी पिसती हुई इच्छाएँ नहीं रोती?

मैं बोला!
करना पड़ता है,
सहना पड़ता है,
मगर फायदा भी है इस धंधे में,
बस थोड़ी सी दंद-फंद में,
नहीं खरीदे गेहूँ आज तक,
काम निकल ही जाता है।

फिर अकेला जो हूँ,
आटे से सने हाथ देख कर ही,
पेट भर जाता है।
यूँ बिना खाए ही वक्त गुजर जाता है।

तब महाशय ने होंठ खोले,
लंबा सांस लेते हुए बोले,
इस धंधे से उबने पर,
क्या आप संन्यास लेंगे?

मैंने पलकें झपकाई,
नजरें उन पर गड़ाई,
और बोला!
ना, ना, ऐसा पागलपन
हरगिज़ नहीं करूँगा।

जिस दिन भी गले तक भर जाऊँगा,
अपनी, खुद की पर्सनल चक्की में,

एक-दो दागिनो के बाद,
खुद भी पिस जाऊँगा!

— विनोद विकल

18. सपनों का भारत

राजघाट पर जाकर देखो,
सिसक रहे उस तीर्थ को देखो।
उठती है आवाज वहाँ से,
कहती उन ठेकेदारों से,

जो प्रतिवर्ष सुमन अर्पित करते हैं,
श्रद्धा की अंजलि देते हैं।
क्या यही मेरे सपनों का भारत,
धरती धर्म-बैर से आहत।

खड़ी जहाँ नफ़रत की दीवारें,
लगते धर्म-विरोधी नारे।
चहु ओर गरीबी इसके,
रोटी से बिलखते बच्चे जिसके,

तन पर भी तो चीर नहीं है,
नयनों तक में नीर नहीं है।
सोचो! कितना त्याग है यारों,
बोलो! कल के कर्ण धारो,
दफ़न हो चुकी जिनकी चाहत,

क्या यही मेरे सपनों का भारत।

कितनी गाढ़ी नींव थी इसकी,
जड़ें कुतर गए दीमक जिसकी,
याद करो हल्दीघाटी को,
कितना सींचा उस माटी को,
एक ही घर में पनपे नारद,
क्या यही मेरे सपनों का भारत।

– विनोद विकल

19. लोकतंत्र का मलवा

लोकतंत्र के मलवे में, कुलबुलाता अदना कीड़ा।
करके खून जज़्बातों का, सह रहा वीभत्स पीड़ा।

इतना घृणित जीवन भी, न जी पाता है सुख से,
इस कदर जकड़ा हुआ, कह न पाता कुछ मुख से।

हमदर्द बनके लोग झूठे, ज़ख्मों को कुरेदते हैं,
उसकी निस्तेज रूह को, इत्मीनान से रौंदते हैं।

क्या पता वह इस तरह, कब तलक जीता रहेगा,
खाकर अमीरी ठोकरें, ग़मों को पीता रहेगा।

गर मर भी जाए जिस्म उसका, रूह तो जगती रहेगी,
बुझ भी जाए चिता तो क्या, राख तो तपती रहेगी।

उस राख का हर एक ज़र्रा, दास्तां गाता रहेगा,
बदनसीबी देखकर, आँसू अविरल बहाता रहेगा।

– विनोद विकल

20. मेला

कृत्रिमता से परे,
जीवित किंतु मरे।
सौंदर्य-विहीन प्रकृति में,
अपनों की ही लातों में,
कुछ लोगों की सौगातों से।

विचित्र निस्तब्धता लिए,
वहाँ भी लगते हैं मेले।
देर रातों में,
नग्न वीरान सड़क के दोनों ओर, गड़े शामियानों में,
क्रियाशील होते हैं वो,
जिन्हें समझता कचरा,
यह बेदर्द जमाना है।

कहना भी क्या, पांडाल का,
नगर परिषद समर्पित करती है,
सहायतार्थ समूचे शहर का कूड़ा-कर्कट।
किस तरह, कहाँ तक बयाँ करूँ,
हर सम्मानित की हरकत।

घबराती है दीप्ति वहाँ तक,
चुप-चुप कर भी जाने में,
डरती हैं खुशियाँ सारी,
उन तक दामन फैलाने में।

बिकते नहीं यहाँ खिलौने,
और नहीं मेवा-मिष्ठान।
सौदा होता अरमानों का,
और खुद हँसता है भगवान।

सच में सम्पन्नता को,
इनसे बहुत गिला है।
बस कदम मिला कर,
चलता आया खूब ग़मों का काफिला है।

एक नहीं, हर रोज यहाँ पर,
यही सिला आता है।
सूरज उगने से पहले ही,
जाने क्यों ढल जाता है।

— विनोद विकल

21. भयानक भोर

जब चल पड़े अंधेरों में, तबाही के दौर,
कितनी भयानक होगी, आने वाली भोर।।

अग्नि बेअसर होगी, हर किस्म काठ पर।
मखमली कालीन होंगे, रक्त-रंजित खाट पर।
चिलमिलाती धूप भी, सर्द आह भरेगी।
आशाएँ दामन को खुद जलाया करेंगी।
टिमटिमाते दीप को न मिल सकेगी ठौर।
कितनी भयानक होगी, आने वाली भोर।।

भेड़ियों के चेहरों पर होगी तेज आभा।
कंस की बाँहों में होगी मोहन की राधा।
हँसता होगा जुल्म, निर्दोष को मसल के।
खूनी हाथ लिए होंगे कलश गंगा जल के।
निगल रहा होगा मानव ज़हरीले कौर।
कितनी भयानक होगी, आने वाली भोर।।

बाप चला जाएगा, बेटी के दहेज में।
आदमी की लाश होगी, आदमी की जेब में।
अग्नि परीक्षा सीता की, पूरी न हो पाएगी।

संतान कई बार, ग़म में ही खो जाएगी।
पर जितने सिमटेंगे, छोटी होगी सोर।
कितनी भयानक होगी, आने वाली भोर।।

जब चल पड़े अंधेरों में, तबाही के दौर,
कितनी भयानक होगी, आने वाली भोर।।

– विनोद विकल

22. त्रिशंकु जीवन

खो गई याददाश्त मेरी,
चेतना भी खो गई।
खुशहाल थी जो ज़िंदगी,
पल भर में ख़ाक हो गई।

मैंने लगाई छलांग,
बह रही उस नहर में।
खो गया जिस्म मेरा,
उफनती लहर में।

किन्तु अहा कुदरत,
अजब लीला है तेरी।
निकाली किसी शख़्स ने,
ज़िंदा ही लाश मेरी।

और फेंक दिया फिर से,
उन्हीं परिचित राहों पर।
मर-मर कर जीना बेटे,
दवा कहाँ अब घावों पर।

इस त्रिशंकु जीवन से,
दूना दुःख अब हो गया।
घर का रहा न घाट का,
धोबी का कुत्ता हो गया।

— विनोद विकल

23. एक स्वप्नः मानवता का अंत

लेटा निद्रा के आगोश में,
स्वप्न जाल में उलझा सा,
जा पहुँचा अहिंसा के बाज़ार में।

जहाँ! लिखा था
एक बोर्ड पर,
"हिंसा मना है" !

अचानक!
निकट ही चौराहे पर,
देखकर भीड़ को,
विस्मयता के भाव लिये
अनायास कदम मेरे
बढ़ चले उस ओर।

अपने में ही काँपता,
इधर-उधर झाँकता,
खड़ा हो गया एक ओर।

गूँगे की मानिंद,

भयावह निस्तब्धता,
मौत का मातम–
झूल रहे हों मानो सैकड़ों फाँसी के फंदे।

अपने सीने में छुपाए
धधकते ज्वालामुखी,
खड़ी थी वहाँ सम्पूर्ण मानव जाति।

निगाहें
केंद्रित थीं उस ओर,
जहाँ वृत्त के केंद्र-सी,
सशस्त्र दानवों से घिरी थी–
एक प्रतिमा।

एकदम जीवंत -
हाँ, साक्षात प्रतिमा!

सत्य की वेदी पर,
धवल वस्त्रों से लिपटी,
घूरती थी हर आगंतुक को
याचना की दृष्टि से।

और फिर हताश-सी
रह जाती थी,
टपकाकर
नयनों से हृदय विदारक मोती।

मैं—नहीं?
मैं ही नहीं, अपितु सभी
जान चुके थे—
वह
मौत के चंगुल में फँसी,
चेहरे पर लिए वेदना की हँसी,
मानवता थी।

ना सोचा कभी
ऐसा भी घट जाएगा,
सरेआम चौराहे पर
मानवता लूट जाएगी।

मानवता—हाँ, मानवता,
जिसकी आड़ में
दरिंदों ने लूटा था,
घसीटा था।

अब जान चुके थे—
सब धोखा था।

अचानक—मुश्किल से,
घूरती हुई कुछ नकाबपोशों को,
इतना ही वह कह पाई—
"आस्तीन के साँपो..."

और विकराल ठहाका

गगन में उछला।

एक धमकता वार तभी
जा पहुँचा करीब ही,
घोंप दिया फुर्ती से छुरा
उसके विशाल वक्ष में।

बस एक हल्की-सी चीख के साथ
गिर पड़ी वह भूमि पर,
हो गया प्राणांत उसका
वहीं, उसी धूल पर।

फिर भी,
यह बेबस मूक जनता
दो आँसू तक न बहा सकी।

तुरंत बाद इसके,
महफ़िल मे जश्न मनाए उनने।
शामिल थे शान से पुजारी भी,
मानवता के जिनमें।

देख यह दृश्य
हृदय मेरा रो पड़ा।
अचानक नींद में
ज़ोर से चिल्ला पड़ा–

बस खुल गई आँख मेरी,

दृश्य सब बिखर गया।

पर आज भी जब
स्वप्न याद सा आ जाता है,
मात्र कल्पना से
रोम काँप जाता है।

सोचता हूँ–
स्वप्न यह बस स्वप्न ही रह जाए,
उस मानवता का
ऐसा अंत न हो जाए।

– विनोद विकल

24. एकता का संकल्प

आपस में क्यों जूझ रहे सब,
तेरा-मेरा, सबका इक रब।

सभी रचित हैं एक सृष्टि के,
घूरो न उन्हें घृणित दृष्टि से।
मां भारती करती क्रंदन,
मिटा डालो सब जाति-बंधन।

चिरकालीन विसंगतियाँ तज।
चूम लो मिलकर पावन रज।

मातृत्व भाव से उन्हें पुकारो,
अपने दर से मत दुत्कारों।
हिंदुस्तानी सब मिल जाओ,
छुआछूत का भूत भगाओ।

दृढ़ संकल्प करेंगे यह जब,
कोई भी अछूत न रहेगा तब।

— विनोद विकल

25. जागृति का आह्वान

दिल न पसीजेगा इनका,
चाहे लाख जतन कर लो।
कुचल भी डालो तुम अरमा,
या जीते जी कफ़न ढक लो।

अरे गुज़रा हुआ ज़माना,
क्यों कर दोहराते हो।
हुज़ूर अन्नदाता कह-कर,
स्वयं को गिरवाते हो।

पागल हो तुम,आतुरता से,
उनके पीछे भाग रहे।
वे खुद नहीं सुरक्षितहैं,
जिनसे संरक्षण मांग रहे।

है भोले भारतवासी,
कहाँ बची तेरी औकात,
भाग्य दे गया दगा,और
रब भी है उनके साथ।

पर हार न जाना हिम्मत,
जब तक ये बाजू तेरे हैं।
है यही नियम प्रकृति का,
रातों के बाद सवेरे हैं।

— विनोद विकल

26. भीड़ में तन्हा

कहते हैं जहाँ,जन्नत से बेहतर रंगीला है।
दर्द-ए-हयात में, तबस्सुम का सिलसिला है।
रहबर तो कुछ मिल ही जाते हैं, जहाँ
भी मोड़ से, गुजरता काफिला है।

यूँ तो कोई शिकवा है न शिकायत,
फ़कत इसी बात का हमको गिला है।
भटकते फिरें हम, बन यतीम रात-दिन,
पर कहीं कोई हमदम अपना न मिला है।

हम तो यही दोहराएंगे बार-बार "विकल",
भीड़ भरी दुनिया में न किसका वसीला है।

– विनोद विकल

27. मेहमानख़ाना ये जहाँ

आकर भी इक दिन चले ही जाना है,
ज़िंदगी तो फकत, झूठा बहाना है।

रहा न कोई आज तक कायम यहाँ,
दरअसल तो बस मेहमानखाना है।

अपनत्व का ढोंग, क्यों किसी से दुश्मनी,
साथ नहीं देता, ये बेदर्द ज़माना है।

खोता है क्यों, किस-किस की चाह में,
हकीकत तो यह,चंद लम्हों में फूँक जाना है।

कुछ भी हो, ज़िंदगी सुकून से गुज़ार ले,
हर शख़्स का अपना यही फ़साना है।

– विनोद विकल

28. अधूरी पहल

सुनी है कोहसारों में ,आज झरनों की कलकल।
महसूस की है बू-ए-गुल में भँवरों की हलचल।
स्याह अँधेरों में जुगनू की चमक देखी है,
फूलों को खिलते देखा, होता जहाँ है दलदल।

पर टूटे हुए दिलों की, दास्ताँ अलग है,
फिर से जोड़ने की, कोई करता नहीं पहल।
ऐसे हादसों पर हँसता ,है ज़माना अक्सर,
कुछ तो नमक और भी छिड़क जाते हैं "विकल"।

– विनोद विकल

29. ढलता आफ़्ताब

मेरी ज़िंदगी की क्या कहूँ जनाब,
मेरी ज़िंदगी है ढलता आफ़ताब।

बिखरे-बिखरे पृष्ठों सी हो गई
ज़िंदगी बिना जिल्द की किताब।

यूँ कालिखों को सँवारने से क्या,
लौटती नहीं है गुज़री आबोताब।

तो भी अंधकार में पागलों सा मैं,
ढूँढता रोशनी हुआ, बदहवास

लोग दबे होंठों से कह रहे "विकल",
हार चुका तू ज़िंदगी का ख़िताब।

— विनोद विकल

30. बलात्कार

देश के अवशेष में,
आदमीयता के वेश में,
सूरज की तपिश से,
सालती वेदना के दर्द में।

उपलब्ध—एक
चर्चित बहुगुणी शब्द है!
बेचारा! 'बलात्कार'
लेकिन एक बात है यार,
एक ही शब्द कई कार्य करता है।

नारी स्वतंत्रता का दुश्मन,
कौन जाने? और भी
क्या-क्या कर गुजरता है।

आखिर उत्सुकतावश
मैं एक ऑफिस पहुँचा,
कुछ महिलाओं से पूछा—
क्या आप मेरी समस्या सुलझाएँगी,
गुनाहों की बलात्कारिता समझाएँगी?

सुनते ही चिल्लाकर बोलीं–
"पुरुष! पुरुष! पुरुष!"
और घेर लिया मुझको,
पर बलात्कार न कहूँगा उसको।

नज़र नहीं आया
पास में कोई रिक्शा,
मैं दौड़ा,
क्योंकि–
अब नहीं थी दोबारा पिटने की इच्छा।

पर मैं पूछता हूँ,
क्यों मुझे घसीटा गया?
सरेआम पीटा गया?
क्या दोष था मेरा?
सिर्फ कुछ पूछने को
देखा था उनका चेहरा।

बचपन से मुझे बताया है–
वह भारत है जहाँ मैं रहता हूँ।
एक भारतीय के नाते कहता हूँ–

महावीर की अहिंसा को ,नंगा करते हैं,
कुर्सी की आड़ में दंगा करते हैं।
प्रताप, शिवा के आदर्शों का खून करते हैं,
मजहब के नाम पर

बेगुनाहों को भून देते हैं।

उनको कुछ नहीं किया जाता है,
बल्कि
पाँच वर्ष बाद फिर मौका दिया जाता है।

कितनी असहनीय है उनकी यह दृढ़ता मगर,
उन्हें कोई नहीं पीटता,
कोई नहीं पीटता।

– विनोद विकल

31. क्रांति की ज्वाला

मत बाध्य करो हम सिंहों को, फिर अपना शौर्य दिखाने को।
गुज़र चुके इतिहास की यादें, फिर से सब दोहराने को।

आत्मशांति और मौन साधना,
हँसीयों में तुम टाल रहे।
मानवता पर हिंसक गिद्धों,
क्यों कीचड़ उछाल रहे।

बहुत सहा, पर जिस दिन धीरज की सीमा टूटेगी,
लिए क्रांति का दीप हाथ में, जनशक्ति जो उफनेगी।
हिंदुस्तान की विजय पताका,
तुमसे क्या झुक पाएगी।
धधक गई जो अंतिम ज्वाला,
तुमसे न कभी बुझ पाएगी।

त्रिभुवन भी ना दे पाएंगे,शरण तुझे छुपाने को।
मत बाध्य करो हम सिंहों को, फिर अपना शौर्य दिखाने को।

हमने तो मातृत्व भाव से,
लौटा डाला पा कर भी।

ज्यों पृथ्वी ने छोड़ा था,
इक्कीस बार हार कर भी।

ज्यों ज्यों वक्त टलेगा, घड़ा भरेगा पापों का।
इस बार कुचल कर रख देंगे, फन तुझसे विषाक्त साँपों का।
नाम सहित ही दफन करेंगे,
नापाक, पाक की धरती को।
प्रलयंकर तांडव होगा,
कंधा न मिलेगा अर्थी को।

तुम अकड़ रहे केवल, अणु बम से धाक जमाने को।
मत बाध्य करो हम सिंहों को, फिर अपना शौर्य दिखाने को।

– विनोद विकल

32. कैसा यह खुशहाल देश?

लोग कहते हैं कि मेरा देश खुशहाल है,
कैसे कह दूं मैं,कि मेरा देश खुशहाल है।

लोग इक-दूजे को कातिलों-सा घूरते हैं,
रात के अंधेरों में खुद ही को लूटते हैं।
अपने ही घर की जड़ें वो खोद रहे हैं,
पैरों तले देश का भविष्य रौंद रहे हैं।

हाल मेरे देश का बड़ा ही बेहाल है,
लोग कहते हैं कि मेरा देश खुशहाल है।

जहाँ झोपड़ी में देश का ज़मीर जागता है,
किसान खलिहान के बुत-तुल्य काँपता है।
पहने को नहीं कपड़ा, रहने को मकान नहीं,
आदमी होते हुए भी जिसे आदमी सा मान नहीं।

बनता ही जाता देश खोखला कंकाल है,
लोग कहते हैं कि मेरा देश खुशहाल है।

अधखिला फूल भी माँगे जहाँ भीख है,

सुबह का मिले तो न शाम का नसीब है।
बोल मेरे दोस्त, यह कैसा गणतंत्र है,
गुलामी से मुक्त तो भी लगता परतंत्र है।

जहाँ नहीं गलती,गरीबों की दाल है,
लोग कहते हैं कि मेरा देश खुशहाल है।

न्याय के पलड़े में भी घूस रखी जाती है,
निर्दोष के हाथों,हथकड़ी लग जाती है।
फोन ही पर तो ,कानून बदल जाते हैं,
देखते ही देश को, सर्प निगल जाते हैं।

कौवे भी चल रहे हंस जैसी चाल है,
लोग कहते हैं कि मेरा देश खुशहाल है।

– विनोद विकल

33. केदारनाथ त्रासदी

इक क़यामत आफ़तों की,कब कहाँ से आ गई,
श्रद्धा-भक्ति, मौज-मस्ती,वाली बस्ती ढहा गई।

आस्था के शिखर पे ,आया प्रलय सा जलजला,
हर इक मंदिर, हर इमारत, इंसान तक बहता चला।

दीन क्या, दानी भी क्या, ज्ञानी भी उसमें तर लिया,
कुदरती आफ़त ने यह, निष्पक्ष भक्ष कर लिया।

हर तरफ़ ही कौतूहल, व सिसकियों का हैं प्रलाप ।
क्रोध गंगा का जो रोके, “भोले प्रभु” हैं कहाँ आप ?

प्राण-घातक ये समुंदर जब भयंकर हो चला,
जप-मंत्र का भी सिलसिला, अब निरंतर हो चला।

हे महाकाल, शिव, कैलाशी, हे आदिदेव ,हे अविनाशी,
आन पड़ा विकट संकट, विनत करत संत,संन्यासी।

किस भांति की यह त्रासदी, जहाँ प्राण सस्ते हो चले,
वृद्ध , बच्चे,और युवक भी ,इक धार में बहते चले।

तीव्र, चंचल, प्रखर धार, का मापदंड यूँ आंकिए।
उत्तराखंड के भूखंड का, खंड-खंड कोना झांकिए।

प्राण की इक आस में, जंगल ही था बस पास में,
बढ़े चले सब वन तरफ, विकराल काल के पाश में।

चल निरंतर, बढ़ निरंतर, राह जो भटका गए,
भूखे-प्यासे, निरीह वासी , काल ने गटका लिए।

चोटियों से नींव तक, हर शख़्स उसमें बह गया,
और इस मुद्दे को लेकर, सिकती सियासी
रोटियाँ।

कलियुगी प्रलय की चाल में, आया जो यह भूचाल है,
जहाँ आदमी तो आदमी, महाकाल भी बेहाल है।

34. शब्दों में जलता जीवन

एक ग़म का मारा,
कवि बन गया।
दिन-रात इसी,
धुन में रम गया।

गर्दिश का सितारा था,
चाहकर भी न चमका।
बस लिखता चला गया,
मर्ज बन गया दम का

और बेचारा–
एक दिन सभी को छोड़कर,
कविता से रिश्ता तोड़कर,
चल बसा इस जमाने से।

अब लोगों के समक्ष थी,
समस्या उसे जलाने की?
कई ने रखे अपने विचार।
फिर सब ओर से हार,
उसकी कविताओं के

इंधन से ही—
कर दिया उसका "अंतिम संस्कार"।

— विनोद विकल

35. पिया की याद ऐसी आई!

नील गगन में घटा काली जो घिर आई,
इसी के साथ मौसम ने चुनर धरती को ओढ़ाई।
दादुरों ने टर्र-टर्र तान छेड़ दी, ज्यों
पूर आए नीर से, नद, कूप, तलाई

झिलमिलाती बूंदों ने, घटा दिया तापमान
लगी रोम-रोम को, सहलाने पुरवाई।
लगी दिशाएँ झूमने, घूमती मनिहारिनें,
भँवरों को देख-देख, कलियाँ भी इठलाई।

इठलाती, बलखाती, नाचती और गाती सी,
कलश लिए पनिहारिन, पनघट पर आई।
मुखरित हो चहूं ओर, ज़िंदगी भी मुस्काई।
दिल के लग्न मंडप में गूँज उठी शहनाई।

इस हाल में ली, ज्यों उठकर अंगड़ाई,
भूल गई सब, "पिया की याद ऐसी आई"।

— विनोद विकल

36. वक़्त का घमंड

गुनाहों को पाल कर,भीमकाय देह में।
आप अपने आपको, सिक्कों से तोलिए।
सितारा अभी आपका बुलंद है,
जितना भी चाहो, दूध में ज़हर घोलिए।

वक़्त का कमाल था, जो हाथ आपने,
बहती हुई गंगधार में धो लिए।
हमें देख देख कर,हँस रहे आप,
हम तो देख आपको हर बार रो लिए।

जाने कब निशाना, अचूक लगे और,
बिखर जाए ज्यों ,गेंद से सतोलिए।
एक गुज़ारिश 'विकल' उस वक़्त के लिए,
अश्क पोंछने को हमें, दिलवा दो तोलिए।

– विनोद विकल

www.ingramcontent.com/pod-product-compliance
Lightning Source LLC
Chambersburg PA
CBHW070646240926
51846CB00003BA/798
9789375431671